¿POR QUÉ JESÚS?

Nicky Gumbel

Alpha

¿DE QUÉ SE TRATA?

¡Las relaciones interpersonales son emocionantes! Son la dimensión más importante de nuestras vidas, bien se trate de nuestra relación con nuestro novio o novia, nuestra pareja, nuestros hijos, nietos, amigos, etc.

El cristianismo se trata, en primer lugar, y antes que nada, de relaciones más que de normas y de reglas. Se trata de una Persona más que de una filosofía. Se trata de la relación más importante de todas: nuestra relación con el Dios que nos creó. Jesús dijo que el mandamiento primero y más grande es amar a Dios. El segundo es amar al prójimo. Por lo tanto, el cristianismo tiene que ver también con nuestras relaciones con otras personas.

¿POR QUÉ TENEMOS NECESIDAD DE ÉL?

Tú y yo fuimos creados para vivir en una relación con Dios y hasta que no encontremos esa relación, siempre habrá algo que falte en nuestras vidas. Esto conlleva que, con frecuencia, seamos conscientes de este vacío. Un cantante de música rock lo describió diciendo: «Tengo un vacío en lo más hondo de mi ser».

Una mujer me escribió una carta sobre «un vacío muy, muy profundo». Otra joven me habló «de un pedazo del alma que le faltaba».

La gente trata de llenar este vacío de distintas maneras.

Algunos quieren taparlo con el dinero, el cual nunca les satisface. Aristóteles Onassis, uno de los hombres más ricos del mundo, dijo al final de su vida que «tener millones no añade nada a lo que un hombre necesita en la vida».

4

Otros tratan de llenar este vacío con drogas, alcohol o relaciones sexuales promiscuas. Una joven dijo lo siguiente: «estas cosas te dan una satisfacción temporal, pero después te dejan con un sentimiento de vacío».

Más allá de esto, algunos intentan rellenar este hueco por medio del trabajo excesivo, la música, el deporte y otros lo hacen buscando el éxito. Puede que no haya nada de malo en estas cosas en sí mismas, pero el problema es que no logran satisfacer esa hambre que existe dentro de cada ser humano.

Aún las relaciones humanas más íntimas, por muy fantásticas que sean, no pueden, por sí mismas, satisfacer ese «vacío en lo más hondo del ser». Lo único que puede llenar ese vacío, es la relación con Dios para la que todos fuimos creados.

Según el Nuevo Testamento, la razón de este vacío es que los hombres y las mujeres han dado su espalda a Dios.

Jesús proclamó: «Yo soy el pan de vida» (Juan 6,35). Él es el único que puede satisfacer nuestra hambre más profunda, pues él es quien hace posible que seamos restaurados en nuestra relación con Dios.

Él satisface nuestra hambre de sentido y de significado de la vida

Siempre hay un punto en el que todo el mundo se hace preguntas como: «¿Por qué estoy en este mundo?», «¿por qué vivimos?», «¿tiene algún sentido la vida?» Como el filósofo y escritor escritor Albert Camus dijo en una ocasión: «El hombre no puede vivir sin un significado».

Hasta que no vivamos en una relación con Dios, nunca encontraremos el verdadero significado y el sentido de la vida. Otras cosas pueden proveer una satisfacción pasajera, que no perdura en el tiempo. Únicamente a través de una relación con nuestro Creador encontramos el verdadero sentido y significado de nuestra vida.

Él satisface nuestra hambre de vida después de la muerte

Antes de hacerme cristiano, no me gustaba pensar en la muerte. Mi propia muerte me parecía algo distante en el futuro; no sabía lo que sucedería entonces y no quería pensar en ello.

El caso es que un día todos vamos a morir. Aún así la Biblia dice en Eclesiastés 3,11: «Dios [...] puso en la mente humana el sentido del tiempo». La mayoría de las personas no quieren morir. Todos deseamos sobrevivir más allá de la muerte. Únicamente en Jesucristo encontramos la vida eterna, ya que nuestra relación con Dios, la cual comienza en el ahora, sobrevive a la muerte y perdura hasta la eternidad.

Él satisface nuestra hambre de ser perdonados

Si somos sinceros con nosotros mismos, tenemos que admitir que todos hemos hecho cosas que sabemos que están mal. A veces hacemos cosas de las que estamos profundamente avergonzados. Es más, hay algo de egoísta en nuestras vidas que, de alguna manera, estropea todo. Jesús dijo, «Lo que sale de la persona es lo que la contamina. Porque de dentro, del corazón humano, salen los malos pensamientos, la inmoralidad sexual, los robos, los homicidios, los adulterios, la avaricia, la maldad, el engaño, el libertinaje, la envidia, la calumnia, la arrogancia y la necedad. Todos estos males vienen de adentro y contaminan a la persona» (Marcos 7,20-23).

Nuestra mayor necesidad en la vida es ser perdonados. Al igual que una persona que tiene cáncer necesita un médico, sea consciente o no de su enfermedad, también nosotros necesitamos ser perdonados, seamos conscientes o no de nuestra necesidad. Sucede lo mismo que en el caso de una enfermedad como el cáncer: la persona que reconoce su necesidad, está en mejor posición que la persona que está adormecida por un falso sentido de seguridad.

Por medio de su muerte en la cruz, Jesús hizo posible que seamos perdonados y traídos de vuelta a una relación con Dios. Esta es la manera en la que El dió respuesta a nuestra necesidad más profunda.

¿POR QUÉ DEBEMOS INTERESARNOS EN JESÚS?

¿Por qué debemos interesarnos en el cristianismo? La respuesta más simple es: porque es verdad. Si el cristianismo no es verdadero estamos perdiendo el tiempo. Y si es verdad, entonces tiene que ser de vital importancia para todo ser humano.

Pero, ¿cómo sabemos que es verdad?

Podemos comprobar la veracidad de la pretensión cristiana, porque es una fe basada en el acontecimiento histórico de la vida, muerte y resurrección de Jesucristo. Nuestra fe se apoya en sólidas pruebas históricas.

Quien es Jesús

Jesús es el hombre más sobresaliente que jamás ha existido. Es la piedra angular de nuestra civilización puesto que, no en vano, llamamos a todo lo que sucedió antes de Jesucristo «a.C.» y a todo lo que sucedió después, «d.C».

Jesús fue y es el Hijo de Dios. Algunas personas creen que Él es, únicamente, «un buen maestro religioso», pero esta percepción no concuerda con las pruebas históricas acerca de Él.

Sus declaraciones

Jesús declaró que Él era el Hijo único de Dios, poniéndose al mismo nivel que Dios, al asumir la autoridad para perdonar los pecados. Así mismo, declaró que algún día juzgaría al mundo, y que en ese momento, lo más importante sería la respuesta que le hayamos dado a Él en esta vida.

El escritor inglés C. S. Lewis señaló: Un hombre que fuera simplemente un hombre y que dijera las cosas que dijo Jesús no podría ser un gran maestro moral, sino que se trataría de un lunático, o el «mismísimo demonio». «Tienen que escoger. O bien Jesús era, y es el Hijo de Dios, o bien era un loco o algo mucho peor. Pero no salgamos ahora con insensateces paternalistas acerca de que fue un gran maestro moral. Él no nos dejó abierta esa posibilidad. No quiso hacerlo».

Su carácter

Muchas personas que no se consideran cristianas, ven a Jesús como el mejor ejemplo de una vida entregada. El escritor ruso Fedor Dostoyevski, que también era cristiano, dijo: «Creo que no hay persona más perfecta, con más amor, más profundidad y más comprensión que Jesús. Me digo a mí mismo, inflamado de un celoso amor, que no sólo no hay nadie como Él, sino que nunca podrá existir alguien como Él».

En lo que respecta a las enseñanzas de Jesús, hay un consenso generalizado en decir que sus enseñanzas son las más puras y excelentes que jamás hayan brotado de los labios de un hombre.

Para C. S. Lewis, estaba claro que Jesús no podía haber sido ni un lunático ni un malvado, por lo que concluye: «Por extraño o terrible o improbable que pueda parecer, tengo que aceptar la idea de que Él era y es Dios».

Su victoria sobre la muerte

Las pruebas existentes acerca de la resurreción física de Jesús, son, de hecho, de mucho peso. Cuando los discípulos llegaron a la tumba, se encontraron con que las prendas mortuorias estaban en el suelo y que el cuerpo de Jesús había desaparecido.

Durante las seis semanas siguientes, Jesús fue visto por más de 550 personas en once ocasiones diferentes. Las vidas de los discípulos fueron transformadas, y la iglesia cristiana nació y creció a un ritmo extraordinario.

Lord Darling, antiguo Presidente del Tribunal Supremo de Inglaterra, dijo lo siguiente acerca de la Resurrección: «Para demostrar que es la viva verdad, existen a su favor una cantidad tan desbordante de pruebas,tanto positivas como negativas, factuales como circunstanciales,que ningún jurado inteligente en el mundo dejaría de concluir que el relato de la Resurreción es verdadero». La única explicación satisfactoria de estos hechos, es que Jesús realmente resucitó de entre los muertos, confirmando así que realmente era y es, el Hijo de Dios.

¿POR QUÉ VINO AL MUNDO?

Jesús es el único hombre que ha escogido nacer, y es uno de los pocos que han escogido morir. Jesús dijo que la razón por la cual vino a este mundo fue para morir por nosotros. «Porque ni aún el Hijo del hombre vino para que le sirvan, sino para servir y para dar su vida en rescate por muchos» (Marcos 10,45).

Según lo que sabemos, la crucifixión era una de las torturas más crueles en la historia de la humanidad. Cicerón, el estadista romano del Siglo I, la describió como «la más cruel y horripilante de todas las torturas». Es muy probable que Jesús fuera azotado con un látigo de varias cuerdas de cuero incrustadas con pedazos de hueso y metal. Según Eusebio, historiador del Siglo III, «las venas del castigado quedaban al desnudo, y sus entrañas, músculos y tendones expuestos». Luego Jesús fue obligado a cargar con un madero de dos metros de longitud hasta que se desplomó. Cuando llegó al lugar de la ejecución, sus manos y sus pies fueron clavados a la cruz con clavos de quince centímetros de longitud, dejándole colgando de la cruz durante horas de dolor insoportable.

Pero no sólo esto; el Nuevo Testamento nos deja ver claramente que para Jesús hubo algo peor que el dolor físico y emocional: la agonía espiritual de haber sido separado de Dios mientras cargaba con todos nuestros pecados.

Por qué murió

Jesús dijo que murió *por* nosotros. La palabra «por» significa «en vez de». Lo hizo porque nos ama y porque no quiso que pagáramos la pena que merecemos como consecuencia de todas las cosas malas que hemos hecho.

En la cruz, Jesús llevó a la práctica lo que nos estaba diciendo: «cargaré sobre mí todas esas maldades».

Jesús lo hizo por ti y por mí. Si tú o yo

fuéramos la única persona que quedara sobre la faz de la tierra, Él lo haría igualmente. El apóstol Pablo escribió acerca del «Hijo de Dios, quien me amó y dio su vida por mí» (Gálatas 2,20), Jesús entregó su vida como rescate por amor a nosotros.

La palabra «rescate» tiene su origen en el mercado de esclavos. Una persona de buen corazón podía comprar un esclavo para darle la libertad, pero primero tenía que pagar el «rescate». Jesús pagó, con su sangre derramada en la cruz, el precio del rescate para darnos la libertad.

¿De qué nos hace libres?

Libres de la culpabilidad

Ya sintamos culpabilidad o no, todos somos culpables ante Dios debido a las muchas ocasiones en que hemos infringido sus preceptos con pensamientos, palabras o acciones. Así como hay un pena para las personas que cometen un crimen, también hay una pena por quebrantar las leyes espirituales de Dios. «Porque la paga del pecado es muerte» (Romanos 6,23). La consecuencia de nuestras malas acciones es la muerte espiritual, el ser separados de Dios para siempre. Todos nos hemos merecido pagar esta pena. Jesús asumió nuestra condena mediante su muerte en la cruz, para que pudiéramos ser perdonados completamente y ser liberados de nuestra culpabilidad.

Libres de la adicción

Las cosas que hacemos mal son como una adicción. Jesús dijo: «Ciertamente les aseguro que todo el que peca es esclavo del pecado» (Juan 8,34). Jesús murió para liberarnos de esa esclavitud. El poder de esta adicción al pecado fue destruido en la cruz. Aunque fallamos de vez en cuando, el poder de esta adicción queda destruido cuando Jesús nos libera. Es por esta razón que Jesús dijo: «Así que si el Hijo los libera, serán ustedes verdaderamente libres» (Juan 8,36).

Libres del temor

Jesús vino para «anular, mediante la muerte, al que tiene el dominio de la muerte—es decir, al diablo—y librar a todos los que por temor a la muerte estaban sometidos a esclavitud durante toda la vida». En otras palabras, ya no tenemos que temer a la muerte.

La muerte no es el fin de aquellos a quienes Jesús ha hecho libres. Al contrario, es la puerta de acceso al cielo, donde seremos liberados incluso de la presencia del pecado. Cuando Jesús nos libró del temor a la muerte, también nos libró de todos nuestros otros temores.

¿Para qué nos hace libres?

Jesús ya no está físicamente en la tierra, pero no nos ha dejado solos. Nos ha enviado Su Espíritu Santo para estar con nosotros. Cuando Su Espíritu Santo viene a morar dentro de nosotros, Él nos da una nueva libertad.

Libres para conocer a Dios

Las cosas que hacemos mal causan una barrera entre nosotros y Dios. «Son las iniquidades de ustedes las que los separan de su Dios» (Isaías 59,2). Al morir en la cruz, Jesús eliminó la barrera que existía entre nosotros y Dios. Como resultado, Él ha hecho posible que tengamos una relación con nuestro Creador convirtiéndonos en Sus hijos e hijas. El Espíritu Santo nos confirma en esta relación y nos ayuda a conocer mejor a Dios. Nos ayuda a orar y a entender mejor la Palabra de Dios, la Biblia.

Libres para amar

«Nosotros amamos a Dios porque él nos amó primero» (1 Juan 4,19). Al mirar a la cruz, entendemos el amor de Dios por nosotros. Cuando el Espíritu de Dios viene a vivir dentro de nosotros, experimentamos ese amor, recibiendo un nuevo amor hacia Dios y hacia aquellos que nos rodean. Somos liberados para vivir una vida de amor; una vida centrada en el amor y el servicio a Jesús y a los demás, en vez de una vida centrada en nosotros mismos.

Libres para cambiar

A veces la gente dice: «Tú eres como eres, no puedes cambiar». La buena noticia es que con la ayuda del Espíritu Santo, sí *podemos* cambiar. El Espíritu Santo nos da la libertad para vivir el tipo de vida que en lo profundo de nuestro ser siempre hemos anhelado vivir. El apóstol Pablo nos enseña que el fruto del Espíritu es «amor,

alegría, paz, paciencia, amabilidad, bondad, fidelidad, humildad y dominio propio» (Gálatas 5,22). Cuando le pedimos al Espíritu de Dios que venga a vivir dentro de nosotros, estas características maravillosas comienzan a desarrollarse en nuestras vidas.

¿POR QUÉ NO?

Así que Dios nos ofrece el perdón y la libertad en Cristo Jesús, y su Espíritu Santo para que viva en nosotros. Todo esto es un obsequio de Dios. Cuando alguien nos ofrece un regalo, tenemos dos opciones. Podemos aceptarlo, abrirlo y disfrutarlo, o podemos rechazar el regalo y decir «no, gracias». Desafortunadamente muchas personas ponen excusas para no aceptar el regalo que Dios ofrece.

Veamos algunas de estas excusas:

«No tengo necesidad de Dios»

Cuando la gente dice esto, normalmente quieren decir que son bastante felices sin Dios. Lo que se les escapa es que nuestra mayor necesidad no es «la felicidad» sino «el perdón». Sólo una persona muy orgullosa puede decir que no tiene necesidad de perdón. Todos necesitamos ser perdonados.

Sin el perdón tenemos un gran problema, ya que Dios no sólo es nuestro Padre amoroso, sino que también es un juez justo.

O bien aceptamos lo que Jesús hizo en la

cruz por nosotros, o bien algún día tendremos
que pagar la justa pena por las cosas que hemos
hecho mal.

«Hay demasiadas cosas que tendría que dejar»

A veces Dios señala algo en
nuestra vida que sabemos
que está mal y a lo que que
tendríamos que renunciar
si queremos disfrutar una
relación con Dios por medio
de Jesucristo.

Pero debemos recordar lo siguiente:

- Dios nos ama. Solamente nos pide que
  renunciemos a las cosas que nos causan
  daño. Si encontrara a mis hijos jugando con
  un cuchillo de cocina, les diría que dejaran
  de hacerlo de inmediato, no porque no
  quiero que se diviertan, sino porque no
  quiero que se hagan daño.
- Aquello a lo que renunciamos no es nada
  comparado con lo que obtenemos. El precio
  de no ser cristiano es mucho mayor que el
  precio que hay que pagar por serlo.
- Lo que renunciamos no es nada comparado
  con lo que Jesús dio por nosotros cuando
  murió en la cruz.

«Debe haber trampa»

A veces a la gente le cuesta creer que haya cosas en la vida que sean gratis. Piensan que eso suena demasiado fácil, por lo que debe haber algún tipo de trampa o engaño. No se dan cuenta de que lo que es gratis para nosotros, no fue gratis para Jesús quien pagó un alto precio con su propia sangre. Es fácil para nosotros, pero no fue fácil para Él.

«No soy una persona suficientemente buena»

Ninguno de nosotros tenemos el nivel de bondad necesario, ni jamás llegaremos a ser lo suficientemente buenos para Dios. Pero precisamente esa es la razón por la que Jesús vino al mundo. Él hizo posible que Dios nos acepte tal como somos, sin importar lo que hayamos hecho, ni que hayamos hecho de nuestra vida un desastre.

«Nunca podria perseverar»

Tenemos razón al pensar que por nosotros mismos, perseverar es imposible. Pero el Espíritu de Dios, que viene a morar dentro de nosotros, nos proporciona el poder y la fuerza para perseverar como cristianos.

«Lo haré más tarde»

Ésta es tal vez la excusa más común. A veces las personas dicen, «Sé que todo esto es verdad, pero todavía no estoy listo». Cuanto más tiempo aplacemos la decisión, más difícil será tomarla y más cosas nos perdemos. Nunca podemos saber si tendremos otra oportunidad. Hablando desde mi experiencia propia, lo único que lamento es no haber aceptado el regalo antes.

¿QUÉ DEBEMOS HACER?

El Nuevo Testamento nos deja ver claramente que hay algo que tenemos que hacer para aceptar el don de Dios. Ese algo es un acto de fe. Juan el discípulo escribe: «Porque tanto amó Dios al mundo, que dio a su Hijo unigénito, para que todo el que cree en él no se pierda, sino que tenga vida eterna» (Juan 3,16). El creer en Dios requiere un acto de fe, basado en todo lo que sabemos acerca de Jesús. No se trata de una fe a ciegas sino de depositar nuestra confianza en una Persona. En cierta manera, es algo parecido al paso de fe que dan los novios cuando dicen «Sí, quiero» el día de su boda.

La manera como la gente da este paso de fe puede ser muy diferente, pero quiero explicar una forma en la que puedes dar ese paso de fe, en este momento. Se puede resumir en tres palabras muy sencillas:

«Perdón»

Tienes que pedirle perdón a Dios por todas las cosas que hayas hecho mal, y renunciar a todo aquello que sabes que está mal en tu vida. Eso es lo que la Biblia quiere decir con la palabra «arrepentimiento».

«Gracias»

Significa creer que Jesús murió en la cruz por tí. Tienes que darle las gracias por morir por ti y por darte gratuitamente el perdón, la libertad y Su Espíritu.

«Por favor»

Dios nunca entra a la fuerza en nuestra vida. Tienes que aceptar Su don e invitarlo a venir y vivir dentro de ti por medio de Su Espíritu.

Si deseas tener una relación con Dios y estás preparado para decir estas tres cosas, he aquí una oración muy sencilla que puedes hacer para dar comienzo a esta relación:

Señor Jesucristo,

Te pido perdón por las cosas que he hecho mal en mi vida. (Toma unos momentos para pedir perdón por pecados particulares que estén pesando en tu conciencia.)

Por favor perdóname. Ahora me arrepiento y dejo atrás todo aquello que sé que está mal.

Gracias por morir en la cruz por mí para que pudiera recibir el perdón y la libertad.

Gracias porque me ofreces ahora tu perdón y el don de tu Espíritu Santo. Recibo, ahora, ese don.

Te pido que entres en mi vida, por medio del Espíritu Santo, para que me acompañe siempre.

Gracias, Señor Jesús. Amén.

¿Y AHORA QUÉ?

Díselo a alguien

Es importante que se lo comuniques a alguien. Muchas veces es sólo en el momento en que se dice a otra persona cuando la decisión se convierte en una realidad. ¡Probablemente es mejor comenzar por alguien a quien creas que le va a agradar tu decisión!

Lee la Biblia

Una vez que hemos recibido a Jesús y depositado nuestra confianza en Él, nos convertimos en hijos de Dios (Juan 1:12). Dios es nuestro Padre celestial, y como cualquier padre, quiere que tengamos una relación cercana con Él. Esta relación crece a medida que escuchamos la voz de Dios (primordialmente por medio de la lectura de la Biblia) y a medida que hablamos con Él por medio de la oración.

La Biblia es la Palabra de Dios, y te puede ser de ayuda comenzar a leer diariamente algunos versículos del Evangelio de Juan (el cuarto libro del Nuevo Testamento) pidiéndole a Dios que te hable a medida que lees.

Habla con Dios

Comienza a hablar con Dios todos los días en oración. Las siguientes indicaciones sobre cómo hacerlo pueden ser de ayuda:

Adoración: Alabar a Dios por ser quién es y por lo que ha hecho.

Confesión: Pidiéndole perdón Dios por cualquier cosa que hayamos hecho mal.

Acción de gracias: Dando gracias a Dios por Sus bendiciones: salud, familia, amistades, etc.

Súplica: Pidiendo por nosotros mismos, nuestros amigos y por los demás.

Incorpórate a una iglesia viva

La iglesia es esencialmente una asamblea de cristianos que se reúnen para alabar a Dios, escuchar lo que Dios les está diciendo, animarse los unos a los otros y desarrollar amistades. ¡Tendría que ser un lugar apasionante al que acudir!

La primera vez que oré una oración parecida a la de la página 20 fue el 16 de Febrero de 1974 y me cambió la vida. Ha sido la cosa mejor y más importante que jamás he hecho. ¡Confío en que también lo será para tí!